Shhh… no digas nada

Lufer Musal

Para realizar pedidos de este libro, contacte con:
Palibrio
1663 Liberty Drive, Suite 200
Bloomington, IN 47403
Gratis desde EE. UU. al 877.407.5847
Gratis desde México al 01.800.288.2243
Gratis desde España al 900.866.949
Desde otro país al +1.812.671.9757
Fax: 01.812.355.1576
ventas@palibrio.com
619332

Todos tenemos dificultades y oportunidades pero no sabemos aprovechar lo bueno perdidos en problemas a veces ficticios, y comienzan los lamentos sin tomar la decisión de no quejarse pero actuar con mente positiva.

"Lo difícil es querer, hacerlo es fácil".

Prólogo

Shhh... no digas nada. Estoy seguro de que tus dificultades son en gran parte culpa tuya. No te excuses ni te disculpes. Cuando nos lamentamos de la mala suerte conseguimos consuelo, pero resultados se logran perseverando con dedicación y esfuerzo. Si por las noches nos echamos a llorar, el amanecer será difícil y seguiremos por el sendero equivocado.

El día que tomemos la decisión de ser dueños de nuestra existencia, convencidos de saber adónde vamos, decididos a luchar con pasión sin apoyarnos en los demás; recién habremos adquirido la entereza para triunfar.

¿Cómo podemos dar el primer paso si no sabemos adónde ir?

Nuestras capacidades son inmensas, pero hay que descubrirlas, mejorarlas, utilizarlas y si bien no podemos hacerlo de la noche a la mañana, avanzaremos si tenemos convicción porque la vida es una carrera de resistencia, no de velocidad, en la que quien cree puede y falla el que duda, pues si no tenemos confianza o la perdemos es imposible triunfar. Confianza es el ánimo para obrar, actitud imprescindible para salir airosos.

Llegar no es una ganga.

El éxito se alcanza pasando por tantos momentos desesperados, que si lo entendieran aquellos con algún fracaso a cuestas, sin creer haber sido los únicos, lo intentarían de nuevo. Los carburantes son: corazón, mente y energía.

Nelson Mandela, el gran luchador sudafricano dijo:

"El secreto para tener éxito es saber aceptar lo imposible, conducirse sin lo indispensable y soportar lo intolerable."

El Todo y la felicidad

Cuando pensamos en profundidad, lo que conocemos se expande, se desarrolla nuestra conciencia descubriendo lo bello de existir en la inmensidad del Todo que es la energía total. Ahí está todo. No existe nada que no haya estado considerando desde la partícula más pequeña, hasta la inmensidad del universo que conocemos y los que no. Ahí surgimos nosotros infinitamente pequeños ante tanta grandeza, desafiada por quienes jamás podrán enfrentarla ni quebrar su equilibrio. Es algo divino y la divinidad es trascendental. Si la duda sobre la grandeza del Todo nos asalta, pensemos en lo increíble de nosotros como seres. Si tratamos de entenderlo, sentiremos la vida hermosa. El Todo es Dios, Dios es todo y somos parte de Él.

Algo que llenará mis ambiciones cuando recorran estas páginas, será que se convenzan de lo simple que es acceder a la felicidad.

Imaginémosla como un hermoso lago de tibias y mansas aguas, donde por la noche se puede retozar al resplandor de la luna.

Llegar a ser felices está en nuestras manos, pero nos perdemos entre sombras que terminan opacando nuestra existencia por no tratar de alcanzarla con el corazón. No es feliz quien todo lo tiene ni tiene lo mejor, sino quien goza de lo que tiene. El secreto consiste en valorar lo que tenemos, convencernos, sin que esto quiera decir caminar por la vida sin ambiciones, porque sin penas ni motivos para luchar nos invadiría el tedio.

Si por méritos o un destino favorable somos de los afortunados que no tenemos problemas, tratemos de conservar ese rumbo sin descuidarlo para que la dicha corone nuestra vida y la de quienes nos rodean. Al estar en el otro bando donde presionan las dificultades, no conviene abandonarnos ni desalentarnos. Siempre hay una vía de salida si queremos, si actuamos. Actuar es poner en acción, hacer que los hechos sucedan. Si no se hace nada, no pasa nada. Lo gratificante es desear con voluntad, persistir y llegar. Todos podemos. Voluntad es el propósito de hacer. Persistencia, la capacidad de insistir hasta culminar los objetivos. Llegar o no llegar, esa es la diferencia.

Pueden los que tienen el valor de luchar para llegar dejando de lado los miedos, porque es mejor arrepentirnos de lo realizado, que lamentarnos por no haberlo intentado. Los realizadores tienen propósitos. El resto, sólo intenciones. Tenemos anhelos, pero pocos luchamos para convertirlos en realidad.

Cuando vamos a un lugar, la mitad del camino es el punto donde la distancia para llegar comienza a disminuir. Si atravesamos un bosque, entramos en la primera parte. Salimos en la segunda. En otras palabras, todo tiene un punto donde se pasa de largo a corto, de caliente a frío, de alto a bajo, de pesado a liviano, de subir a bajar, de amar a odiar; polaridades, que a veces es difícil precisar. ¿Cuándo lo blanco empieza a convertirse en negro? ¿A partir de qué medida se pasa de alto a bajo? ¿De duro a blando? ¿Del amor al odio? Es relativo.

Por esta razón, cuando pensamos cómo salir de las dificultades, debemos asumir un punto a partir del cual comenzamos a superarlas.

Gran parte del mal enfoque para resolver nuestros problemas radica en que no sabemos abordarlos. Esperamos. Siempre estamos a la espera de algo. Lo malo es que a veces no sabemos qué. Deseamos mucho, que todo llegue. En cambio, si camináramos hacia lo que deseamos sin esperar, la vida sería más grata dado que superaríamos dificultades que agobian, estresan, desgastan; cuando lo correcto sería afrontarlas, resolverlas y en el supuesto caso de que no encontremos las soluciones por estar fuera de nuestro alcance, adaptarnos a la realidad. La verdad es que se debe actuar para sentirnos bien.

¿Por qué es tan difícil la felicidad?

La respuesta no es complicada.

Es probable que un mendigo saludable sea más feliz que un rico enfermo. Que un discapacitado tenga la riqueza y tranquilidad espiritual que no tienen muchos. Así sucede.

Lo importante es la actitud personal para evaluar la realidad, proceso en el que intervienen la personalidad, las ambiciones, la cultura y los puntos de vista individuales.

Si actuamos con lógica, podremos ser felices. En otras palabras, la alcanzaremos cuando seamos capaces de usar lo positivo, dejando de lado lo negativo con visión realista para aprovechar las oportunidades pensando en el porvenir, olvidando lo que se fue o no se tuvo. Con esa tónica alcanzaremos un estado de paz, equilibrio y alegría interior.

Paz es tranquilidad mental y espiritual. Quietud.

Equilibrio es el balance perfecto por la satisfacción de vivir.

Si en vez de repetirnos - "no puedo ser feliz" buscando excusas, repartiendo lamentos, montando justificaciones para decretar "no soy feliz ni nunca lo seré"- hiciéramos un alto para preguntarnos ¿cómo puedo ser feliz?; nos quedaríamos sorprendidos al constatar lo cerca que nos encontramos. Hagan lo que les gusta, lo que les da placer y la felicidad estará con ustedes. El destino no está totalmente escrito, lo construimos al elegir, al actuar. Paz, equilibrio y alegría interior forman la trilogía para sentirnos bien. Si le agregamos amor y actitud positiva tendremos los ingredientes completos, porque la felicidad es un estado mental consolidado por los sentimientos de quienes se hacen el propósito de estar tranquilos, contentos con ellos mismos y con los demás.

Lástima, dudamos de nuestras capacidades. Gran error.

Sócrates dijo: "Conócete a ti mismo".

Este mensaje es clave.

Conocerse es la facultad de saber qué somos, adónde queremos ir, qué deseamos ser; importantes reflexiones para valorar el potencial de nuestros puntos fuertes que debemos usar con inteligencia para reconocer nuestras debilidades y superarlas. Como no hay nada perfecto, todo puede ser mejorado. Analicen, y si desean progresar, verán lo valioso de no dejar de lado esta conclusión que debería ser generalizada pues alcanzan sus metas quienes desean algo con pasión utilizando su fuerza de voluntad. Gran parte de la humanidad vive en una especie de esclavitud, limitante de su potencial, al dejarse llevar por los otros sin la tenacidad ni la fuerza para hacer lo contrario: encaminar sus pasos. Decepcionante, pero así es. Y si no somos capaces, será improbable saborear la miel de la felicidad que está cerca, donde menos la esperamos. Es simple.

Aprovechemos lo que tenemos, gocémoslo. No envidiemos. Alejémonos de la inconformidad. Aprendamos de quienes aprovechan su riqueza espiritual.

En la vida suceden hechos imprevistos, pero a veces algunos nos conducen a la felicidad. Nada sucede sin una razón.

Cada día debemos decir con fuerza, llenos de convicción: soy feliz y debo superar los contratiempos. Para ayudarnos, debemos practicar el ejercicio de la convicción (1).

Ser feliz depende de cada uno.

Nuestro gran poder

El planeta Tierra está colmado de incontables maravillas; entre tantas, la hermosura y la fragancia de las flores, el canto de los pájaros, las mariposas revoloteando en primavera, la inmensidad del mar... Podríamos seguir pero de todo lo existente, el cuerpo humano, por su perfección y valor, debería ser nuestro mayor tesoro, apreciarlo, cuidarlo, porque si nosotros no lo hacemos nadie lo hará.

No existe nada más propio de cada uno. Con él tenemos la libertad de hacer lo que nos plazca. Piensen.

Si en un arranque incontrolable de angustia, ira, o cualquier otro impulso negativo nos amputamos un dedo; nadie podrá enviarnos a la cárcel, someternos a juicio ni obligarnos a pagar una indemnización. Podrán decir que estamos dementes. Punto.

¿Qué pasaría si se lo hacemos a otro?

Hemos comenzado por el cuerpo porque su increíble estructura y funcionamiento es lo más evidente, reconocido y jamás discutido hasta ahora, más aún con las revelaciones científicas que se adelantan cada día. En tal prodigio de células, tejidos y órganos está la mente, definida por algunos como la facultad para pensar, crear, conocer, comprender y razonar. Por otros, como la potencia intelectiva del alma.

Vale la pena insistir en estos dos puntos de vista pues uno es claro. El otro merece ser analizado, por tratarse de la capacidad para entender de la sustancia espiritual que anima al cuerpo humano, energía admitida por diferentes creencias.

¿Por qué escoger la mente para entrar en materia? La hemos tomado porque su gran poder ejerce asombrosas influencias. Para algunos es probable que se les haya pasado desapercibida, sin prestarle atención, pero debemos ser conscientes de sus perfectas funciones y roles esenciales en la vida. Tenemos diferentes energías. Una de ellas es la mental, más poderosa de lo que suponemos. Cuando pensamos la mente vibra con altísima frecuencia y se puede proyectar a grandes distancias. En este aspecto el cerebro, con sus millones de neuronas trabajando en un concierto bioquímico-electromagnético, puede recibir por segundo, gracias a su enorme capacidad para establecerlas, centenares de pulsaciones provenientes de otros puntos de conexión.

No existe un ser humano capaz de usar todo su potencial.

¿Nunca han fijado la vista sobre una persona para ordenarle mirar hacia atrás para que nos busque con la mirada? ¿No les ha sucedido sentir el deseo de voltear y darse con una persona observándolos?

- Ayer estuve pensando en ti.

- Yo también, es la respuesta. ¿Coincidencia?

Una mente puede, por su poder, vencer la resistencia de las personas abriendo una brecha por donde se filtra su influjo. Estas energías provenientes desde diferentes orígenes exteriores, acaban por ejercer su cometido por la fuerza de quienes lanzan órdenes mentales capaces de inducir fenómenos parecidos al hipnotismo y la telepatía. Asimismo, si la energía de la mente se concentra en los pensamientos, es posible orientarlos al bien, hacia el mal, ser constructivos o destructores.

Grandes logros para la humanidad han aportado mentes privilegiadas, así como otras equivocadas: destrucción y maldad.

Pensar positivo; además de beneficiar nos multiplica su efecto. Si es a la inversa actúa igual, pero con resultados indeseables. Debemos entender la importancia de nutrir bien a nuestra mente. Como pensemos, así seremos. Si piensas bien, lo bueno llegará. Al hacerlo sin dejarnos influenciar, en la dirección correcta, convencidos y seguros; tendremos salud, todo saldrá mejor, los días serán constructivos, los planes se cumplirán, la familia será feliz y cada uno obtendrá lo suyo. Es el escenario del buen proceder.

De hacerlo así dos personas, cien, mil, veinte mil, cien mil, un millón, varios millones, cada país mejoraría, el universo nos brindaría sus oportunidades y nuestro planeta podría evolucionar. En caso contrario, nuestras propias energías lo destruirán.

Si deseamos una vida plena no debemos oír a quienes van empeñados en difundir lo negativo. Sólo lo bueno genera energía positiva, principio elemental, pues ningún acto puede ser mejor que nuestros pensamientos. Esta profunda reflexión debe convencernos para decir con firmeza que haremos lo mejor ganando para dar lo máximo.

Convencidos, manejando mente y pensamientos todo fluirá para incrementar nuestro potencial.

Cierto día escuché no sé dónde: "Cuando siembres, no recojas las semillas."

Esto le cae de perlas a las personas con buenas intenciones, a quienes de improviso lo asaltan pensamientos negativos que liquidan sus deseos. Si esto les sucediera pues es frecuente, deben retomar lo positivo grabándolo en la conciencia hasta que dé sus frutos.

Los dará.

A las flores y a las plantas las regamos, las cuidamos, algunos les hablan, otros les cantan, se podan, se les quita las malas hierbas porque deseamos conservarlas sanas y fuertes.

¿Por qué no hacemos lo mismo con nuestras vidas?

Hay que saber llevarla cumpliendo buenas acciones, repitiendo con fe: "Cada día lo prepararé en el sentido correcto."

Luego, hacerlo con fe. La fe es creer. Creer, la prerrogativa de aceptar algo como verdad. Pero al vivir impactados por las percepciones de lo que nos rodea, nos movernos en función de lo exterior descuidando la visión propia de nuestras acciones. Esa obsesión por lo de afuera sin observar lo interior, sin reflexionar, nos hace cometer errores que podríamos manejar si modificamos las causas. Suena difícil, pero una clave en la vida es creer y dar órdenes al subconsciente. Él no discute, acepta. Es el asiento de las emociones.

Lo que la mente consciente piensa, se graba en la subconsciente. La primera es la puerta de entrada. La segunda, el receptáculo donde cada orden se automatiza.

La conducta de un grupo, de una comunidad, es la consecuencia de la suma de los subconscientes individuales, resultante de ese agregado en cualquier lugar.

Consideramos interesante el esquema de cómo funcionamos con nuestro archivo de experiencias. Recibimos, retenemos, analizamos, administramos para controlar vivencias, ideas, decisiones; además de los sucesos en la vida de relación. Al consciente le toca controlar la información, pero así él haya olvidado algo el subconsciente jamás lo hará y puede lanzarlo "al aire" cuando sea el momento; en ocasiones, imponiéndose a la voluntad de cada persona que tiene una retención limitada por la cantidad de datos recibidos, aunque tenemos "ayudas" asociadas al principio o al fin de cada novedad, a los detalles de envergadura, o lo que resulta atractivo para los sentidos. En el aspecto cualitativo, cada impulso mental positivo crea en el subconsciente las bases adecuadas para operar. Si es negativo, ocurre lo mismo. Debemos tener cuidado. Somos su fuente más valiosa. Si deseamos nutrirlo con lo mejor, cuando dormimos es el lapso durante el cual se siente libre adueñándose de la situación, mientras el alma se fusiona con las energías sutiles de la materia para elaborar ideas, sugerirnos decisiones y direccionarnos en la forma de actuar. Pero ¡atención! Puede fluir lo bueno y lo malo. Depende cómo lo alimentemos, pues será el nutriente para enfrentar la vida. Crear dificultades. Ayudar a salir airosos.

Si cerramos los ojos pensando en algo agradable como el mar, el cielo, las estrellas, en lo que nos haga feliz, comenzaremos a sentir tranquilidad enviando positividad a la mente interna que responde en ese camino de doble vía, comunicándose con el consciente por medio de "voces" a través de su capacidad inagotable de darnos inspiración para una vida mejor. Depende de uno oírla, reconocerla, abrirle las puertas.

A nuestro sistema nervioso central lo manejamos con el consciente, más los cinco sentidos como canales cotidianos.

El sistema nervioso autónomo funciona a través de la masa ganglionar llamada plexo solar, o cerebro abdominal, localizado frente al estómago.

Ambos sistemas operan mientras las energías se desplazan a través de una intrincada red. El nervio vago sale del cerebro como parte del sistema, pasa por el tórax, se ramifica al corazón, pulmones y atraviesa el diafragma para perderse en las capas exteriores. De la misma forma, las áreas cerebrales se conectan con las actividades objetivas y subjetivas de la mente.

En el sistema autónomo existe una red encargada de conservar el cuerpo, de protegerlo para que trabaje a la perfección, pero si lo descuidamos puede desequilibrarse por estar expuesto a influencias negativas, miedos, mensajes diversos, algunos dañinos que se graban por funcionar como cámaras de seguridad a las que no se les escapa nada, archivos que pueden ser utilizados con o sin orden de hacerlo. Si es buena, excelente. Si no, será motivo de problemas personales.

Los malos hábitos como fumar, beber, usar drogas son guardados en sus impecables mecanismos difíciles de borrar, sin que por esta razón sean inexpugnables. Ni pensarlo.

Todo puede ser controlado por la voluntad más el libre albedrío si no nos damos por vencidos actuando con firmeza y perseverancia.

Conclusión: frente al poder de la mente más los beneficios de saber usarla, debemos controlarla. No aceptemos ideas negativas. Si alguna nos ronda como le puede suceder a cualquiera, hay que rechazarla convirtiéndola en positiva.

Debemos pensar: somos buenos, inteligentes, trabajadores, saludables, usando siempre adjetivos dinámicos para modular cada día, sentirnos seguros para que todos nos colaboren, que los negocios caminen bien, que la vida sea placentera. No pensemos que es un día pesado con las calles congestionadas, con un tráfico imposible, ni que los compañeros nos darán problemas. Pensemos lo contrario enfrentando cada mañana imbuidos de fe en lo bueno.

La fe.

Se habla de ella, pero pocos la usan. Peor aún, pocos la tienen. Fe es una fuerza mental especial. Si no la utilizamos dejamos de lado algo valioso. Si lo hacemos las sendas se pueden abrir, porque en el difícil contexto de la vida debemos ser fuertes para que nada nos perturbe la paz, hablar de buena salud, de felicidad, de prosperidad haciendo sentirse bien a todos los que nos rodean. Hay que derrochar optimismo.

¿Queremos mantenernos sanos, manejar un dolor, estar alegres? Pensemos que lo estamos. Que no nos duele nada.

Decidamos con alegría, plenos de optimismo para usar las buenas respuestas. Si lo hacemos con energía, ella nos rodeará. Si lo hacemos con generosidad, seremos generosos. Si lo hacemos con valor, seremos valerosos.

Cada uno es lo que quiere ser.

El valor y el miedo son actitudes mentales.

La vitalidad y la debilidad, resultados de la mayor o menor energía que manejamos con la mente. El día que seamos capaces de aleccionar a nuestro subconsciente para luchar, enterrar miedos fijando en la mente los principios del bien, estaremos listos para ganar. Los que triunfan tienen planes, deseos, fuerza, las condiciones necesarias. Además, confían.

Los que fracasan también tienen lo mismo, pero no lo usan.

Si manejamos la mente, estaremos en condiciones de ser felices para compartir con los demás.

Compartir es dar. Se precisa generosidad. Al dar recibiremos. Cuando ayudamos, lo hacemos con nosotros mismos. Quien tiene y no comparte comete una grave falta.

Recuerden la ley de los vasos comunicantes en hidrostática. De más a menos, siguiendo las leyes universales...

Acierta quien se guía por ellas.

Todos: fuertes, débiles, limitados, enfermos, ricos, pobres, tenemos el derecho más la capacidad para invocar si nos focalizamos en alguien o en algo.

Hay que creer.

Cada mañana practiquemos el ejercicio de la convicción (1).

En vez de iniciar los días preocupados, de mal genio, pesimistas sin ganas de hacer las cosas; concentrémonos. Hagamos esta práctica.

Todo será diferente.

Quedaremos sorprendidos. Luego de practicarlo nos sentiremos positivos. El subconsciente es fiel.

Colaborará en silencio.

Nuestras órdenes son decretos.

Vida y creatividad

Saber que mientras estamos en esta etapa terrenal realizamos misiones manejando nuestro destino, debería ser suficiente incentivo para amar la vida, disfrutarla, utilizarla apoyados por el subconsciente. ¿Estamos de acuerdo? Si no lo están, piensen, observen y se convencerán.

Luego, si vamos por el buen rumbo, todo sale bien, tenemos salud, nuestra familia es feliz y disfrutamos amigos de verdad, es el momento de considerarnos afortunados gozando de ese caudal de buenas energías. Recuerden que para ser felices hay que estar contentos con lo que tenemos. ¿Queremos gratificarnos? Compartamos con los demás transmitiendo actitud, aliento. Ayudemos. Dar es bueno, es generosidad. Todos podemos dar. Siempre hay alguien más necesitado. Tratemos de hacer el bien, evitar el mal. Depende de cada uno.

Sin embargo, no sabemos qué pasa. Con frecuencia se encuentran evidencias de la forma equivocada como se conduce la humanidad. Damos con gente que no es ni remotamente lo esperado y los días se enturbian con sucesos desagradables que a veces impactan a quienes nos rodean. Así está la vida, pero no debemos atemorizarnos ni guardar rencor. De nada sirve. Hay que ir en contra de esa corriente, limpiarnos de las malas influencias, protegernos repitiendo con simpleza no odio a nadie, no tengo miedos ni temores, deseo vivir en paz. En esa tónica, si tenemos grabado algo negativo, hay que sacarlo de la mente, retirando ese peso que traba los recursos necesarios para tareas más importantes. Lo malo es una carga innecesaria. Olvidar es dejar atrás lo que no necesitamos. Es posible usando la voluntad. Es un "no volver" premeditado. La voluntad es nuestra, de nadie más. No guardemos rencor. Perdonemos sin confundirlo con disculpar. Perdonar es más elevado. Es eximir. Liberar una deuda, ofensa, falta, delito, enterrar para siempre en un acto de nobleza que eleva los valores espirituales y refuerza la conciencia. No se puede perdonar para luego sacar a relucir la misma causa. Hay que descargar el subconsciente para no seguir cargando "un lastre".

Podemos afirmar así nos moleste, que las nuevas generaciones se han lanzado en pos de objetivos casi siempre económicos, sin importarles con qué ni cómo llegan, si causan daño, ofenden, humillan, olvidando lo correcto para ganar "presencia" en una sociedad con un estilo de vida aprobado por conveniencia. Tal "moda" aceptada por grandes sectores que sólo valoran cuánto se tiene, en vez de existir con un concepto menos materialista, empuja a la desesperación por arrollar a los demás como dé lugar, usando mentiras adornadas con actitudes hipócritas manejadas con soberbia.

Menos mal, la conducta depende de cada uno. Usando la mente podemos comportarnos bien. No hay que olvidarlo. Tenemos fuerza capaz de manejar la vida en pos de la felicidad.

El escritor estadounidense Napoleón Hill dijo:

"Usted busca la llave mágica que abre la puerta de la fuente del poder. La tiene en sus manos, si controla sus pensamientos."

Sobre la vida hubiéramos podido seguir, pero en ella hay principios esenciales como la vibración, movimiento repetitivo alrededor de una posición de equilibrio, dinámica presente en el universo y en la humanidad con su acción sobre todos sin distinguir cultura, nacionalidad ni doctrinas. Somos materia. La materia vibra. Sus diferentes grados de vibración la hacen densa o sutil. No hay nada que no vibre. Todo se mueve y cuando más alta es su onda vibratoria menos densa es la materia. En un pedazo de metal, en apariencia inmóvil, así como en las ondas Hertzianas imperceptibles para la vista del hombre pero cuyo descubrimiento ha dado un vuelco a la humanidad, existen corpúsculos vibrando. Vibra lo que existe. Por esa razón, se puede transformar un metal bombardeando sus átomos con un ciclotrón, así como una mente evolucionada puede lograr un intenso efecto sobre la materia.

Uno de esos resultados son las sanaciones. Otro, cuando se crea una obra de arte, un dibujo, una novela, una pieza musical haciendo responder a la mente que a través de los sentidos alcanza una alta vibración. Al analizar el poder de sanar, don de ciertas personas, y el más generalizado de la creatividad, es importante vincularlo con las parejas que son fundamentales en la vida de relación.

Muchos se cuestionan ¿cómo encontrar la pareja ideal? ¿Estoy atrayendo alguien con deseos de prosperidad que sea leal y sincero?

¿Será para toda la vida?

En este proceso juegan las vibraciones personales.

El amor es una fuerza unificadora, el odio condiciona lo contario. El temor, el recelo, los disgustos, la falta de comprensión, son vibraciones negativas que debilitan a las parejas. El matrimonio no trae la felicidad. La pareja lo hace. Ambos la definen, pero uno de los problemas es el desconocimiento de cómo funcionan sus respectivas mentes que no son iguales. Si no se entiende esta razón, la convivencia se torna difícil. Si las parejas optimizarán su relación, la sociedad cambiaría, disminuirían los abandonos, las separaciones, los divorcios de padres en problemas que empujan a los jóvenes a vivir abandonados a su suerte, convertidos en caldo de cultivo para vicios y malos hábitos que luego les pesa toda la vida.

Sucede lo propio en otro segmento igual de importante. El de los individuos con sus empleos. No entendemos por qué las personas cuando ingresan a un empleo se preocupan de cómo "manejar" las cosas. ¿Qué hacer para ser tomados en cuenta? ¿Cómo comportarse? ¿De quién cuidarse? ¿Qué opinarán de él? Una serie de preguntas que en un sentido podrían ser correctas, pero que sólo desgastan sin dejarlos orientar sus esfuerzos hacia lo productivo, perdiendo el tiempo en análisis, situaciones en apariencia útiles, sin comenzar con una sola pregunta: ¿Qué es lo importante y por qué?

La respuesta es trabajar con eficiencia, dar lo mejor, cumplir las tareas asignadas. Sólo eso.

En la vida todos esperamos algo de los demás. En consecuencia, debemos llenar las expectativas depositadas en nosotros por aquellos que nos emplearon y con los resultados de nuestro esfuerzo nos reconocerán. Quien produce cumpliendo en un contexto normal, jamás será desechado

Carisma, vibración, creatividad, sanación. Las parejas, el trabajo. Vivimos bajo presión. Esta es razón suficiente para estar siempre positivos, transmitirlo, pues sin hacernos el propósito de manera continua enviamos ondas de mayor o menor frecuencia que se van expandiendo sean buenas o sean malas. Existen quienes irradian un halo negativo. La gente los evita porque repelen. Al contrario, existen los que atraen. Esto no quiere decir que las vibraciones de una persona no puedan ser modificadas. No, de ninguna manera.

Cada uno las maneja.

El que siempre está alegre tiene una aureola agradable, es un polo de atracción, inspira amistad, simpatía, confianza, entendimiento. Una simple sonrisa amplia y sincera que cuesta nada, tiene una fuerza incalculable. ¿Quién no recuerda una cara sonriente? Es tan fácil sonreír. Lo positivo vibra con alta frecuencia. Pero existen los que caminan hablando de calamidades, regando malas vibraciones, contaminando, creando una masa negativa capaz de ir más allá de su radio de acción atrayendo mentes ajenas, impactando cuerpos emocionales pues existe gran permeabilidad por lo malo.

¡Es una lástima!

Se pueden hacer comentarios favorables de una persona. Tal vez pasen desapercibidos. Si hacemos uno solo negativo, es casi seguro que se quedará grabado en todos. Es lo común, estamos ávidos de lo malo.

Debemos corregir esa forma de actuar y de pensar.

Al vincular el cuerpo humano a la vibración, podemos constatar la existencia de sonidos imposibles de escuchar porque vibran en diferente intensidad a nuestros sentidos. Olores que no percibimos. Los perros pueden olfatearlos y escucharlos.

Las ondas sonoras altas y bajas están definidas por frecuencias, así como los colores cuyas ondas bajas corresponden a los oscuros. Las altas a los claros. Albert Einstein decía: "Cuando más estudio la electricidad, más cerca me encuentro del alma."

Nada más cierto.

Para trasladar estos conceptos a los niveles en que nos movemos, debemos organizar nuestra mente comenzando la jornada contentos, infundiendo ánimo a quienes nos rodean, trabajan, estudian o están con nosotros. A todos en general. Vibremos positivos para tener una vida agradable, exitosa, de satisfacciones espirituales.

Cuando salimos, al caminar con el ceño fruncido trasladamos esa expresión a los demás. Los rostros hoscos crean prevención, sentimientos de rechazo, agresividad que crea eslabones de una cadena negativa. Por fortuna, las correcciones son factibles. Si cada día deseamos vibrar positivos, recibiremos sensaciones agradables. Hagan la prueba. Marquen la diferencia. No todos lo hacen pero pueden. Lo que sucede es que no quieren... y es tan fácil.

Si pudiéramos usar un dispositivo para observar desde lejos las vibraciones concentradas en el planeta, estamos seguros de que por tantas cargas malignas, envidias, cóleras infundadas, ambiciones equivocadas, conflictos armados, delincuencia, desde el simple robo hasta el tráfico de drogas pasando por secuestros, extorsiones y materialismo exagerado con sentimientos adversos, la Tierra la veríamos rodeada por un halo denso, oscuro de energía negativa irradiada por gran parte de la humanidad.

La forma de contrarrestarla es contribuyendo en todo momento, cada uno, con nuestra vibración positiva.

La suma de las partes es el todo.

Debemos esforzarnos con buenos deseos y obras correctas para evitar lo negativo por el bien de la colectividad.

El mundo depende de todos, hagamos la parte que nos corresponde.

****

Analizadas las líneas anteriores de esa reflexión, podemos asegurarles que si somos capaces de ejercitar nuestra imaginación, estaremos en las mejores condiciones para utilizar la parte creativa que todo tenemos en mayor o menor grado; capacidad de alto nivel, resultante de las experiencias conscientes, subconscientes, la aptitud de razonar y la especial habilidad para innovar.

Crear es realizar algo partiendo de la habilidad personal.

Creatividad es una facultad, que ejercitada como un músculo responde al esfuerzo.

La función hace al órgano.

Crea quien desea crear, quien se da el trabajo de pensar, de analizar sus conocimientos y se lanza al campo. Cuando hacemos intervenir a la mente, tratamos de emplear su ilimitado potencial que contribuye al éxito o al fracaso individual, pues ella maneja la salud, el dinamismo, la alegría, lo bueno, lo malo, la chispa de la mirada, el andar dinámico, la franqueza al estrechar la mano, el despliegue de la voluntad poniendo a rodar las ideas.

Un gran deportista americano, dijo:

"No sé si hubiera luchado sin la esperanza de ganar."

Eso le falta a muchos. La confianza de llegar, de alcanzar la victoria, sin andar bloqueados por actitudes o sentimientos de temor, por ambiciones mal entendidas, envidias, resentimientos, tristeza, odio; negatividades que desencadenan enfermedades, angustia, insomnio, depresión, lo inevitable; pues lo malo invade al ser por esa cosecha emocional del cuerpo como resultado de una siembra equivocada.

Hemos comentado la inmensa capacidad de la mente.

¿Deseamos triunfar? ¿Queremos sentirnos bien?

Entonces, cambiemos de actitud para caminar confiados, con fe, entusiastas, con objetivos definidos.

Sentimientos son los estados de ánimo, la disposición emocional frente a un hecho, cosa o persona, cuyas reacciones afectan la vida, las relaciones individuales y colectivas funcionando como las operaciones aritméticas básicas. El amor multiplica, el odio divide, la fe suma y la envidia resta. Su intensidad depende de cada uno, pero si se manejan correctamente siendo conscientes, buscando lo bueno, lo positivo, ordenando los deseos y pensando en una vida feliz los resultados serán óptimos.

No es una hipótesis, es un axioma.

El éxito

Éxito, palabra que deseamos escribir en el libro de nuestra vida, es sinónimo de afortunado, vivir alegre, sin problemas; pero, reflexionando, es relativa porque depende de los objetivos de cada uno que pueden ser abismales, pero quien cumple sus metas logra felicidad. No obstante, hay quienes dicen que no se puede ser feliz.

No. Lo que pasa es que caminan sin objetivos bien definidos en su vida. De todas maneras, sea cual fuere el plan personal, no se puede alcanzar sin sacrificios. Quien lucha lo consigue, pero debemos ser cuidadosos. Está la contraparte, lo negativo.

El éxito suena a triunfo, aunque es triste reconocer que nada aísla tanto. La cumbre es solitaria. Crea envidias por ser una posición privilegiada que otros tratan de socavar, realidad que aprenden los ganadores. Por uno que triunfa, son más los que sufren.

¿Y por qué ese complejo?

Porque el mundo sería mejor si no existieran tales reacciones, pero estamos rodeados por un halo decadente. En caso contrario, escucharíamos otros comentarios, veríamos diferentes reacciones.

Todos dirían:

- "El éxito de tal o cual ha sido espectacular. Nadie lo merecía tanto."- Sería justo, ¿verdad?, porque es tan fácil festejar la prosperidad ajena, pues la envidia y los celos son piedras con las que nunca deberíamos tropezar.

Cuando estemos decididos a superarnos, hay que tener presente las victorias, olvidando los errores del pasado que son fantasmas que entorpecen el futuro.

Para enfrentar al mundo de hoy debemos tener un espíritu grande para no preocuparnos, ser nobles para no alterarnos, fuertes para no atemorizarnos y tratar de ser felices para no perturbarnos. Además, para tener ayuda es bueno escuchar las críticas constructivas, corregir las equivocaciones creando espacios para mejorar; tarea que algunos deberían iniciar sin perder su tiempo criticando a los demás.

Una visión panorámica es importante en el diario vivir, pues a veces somos nuestro peor obstáculo luchando contra enemigos invisibles, buscando lo que no nos conviene, dejándonos arrastrar por espejismos, desanimando a quienes están a nuestro lado.

¿Por qué sucede?

Porque no cavilamos.

En un término más elevado, porque no meditamos.

¿Es difícil?

No.

Existen caminos para aclarar las ideas, para analizarnos interiormente, para "escuchar" los avisos.

¿Cuántas veces nos ha parecido sentir algo, no en el oído sino en el corazón, en alguna parte de nosotros? ¿Hemos sabido interpretarlo? ¿Hemos intentado "oír"?

Seguro que no.

Escucha el que quiere, el que tiene fe, el que aprende dejándose llevar por lo que "oye" y sigue su intuición.

No hay corazón que engañe a su dueño.

Hay que intentarlo. Todos podemos, aunque para unos será más difícil que para otros porque deben romper esa barrera levantada por ellos mismos por su falta de convicción. En el momento que superen ese obstáculo, estarán en condiciones de escuchar, de ser guiados por el camino confiable y al encontrarlo, los invadirá una confianza que les reforzará esa fe que les hace falta y sus presentimientos los conducirán por la senda correcta. Dicen que la intuición es la voz de las energías que nos protegen. Entonces, hay que escucharlas para que cada día sea mejor, no seguir en pos de lo equivocado con metas mal trazadas, enfocar bien la vida frente a las dificultades. Resolverlas. En ocasiones lo intentamos, lo deseamos, pero a veces nos equivocamos al no enfrentar los problemas verdaderos. Por lo general los obstáculos están ligadas a la vida diaria, al hogar, a la pareja, a los hijos, al trabajo, a los estudios, a las amistades y por eso desconciertan, no los manejamos bien, procedemos mal lanzándonos erróneamente sin haberlos identificado entrando a un camino sin salida.

Parece fútil hablar de este tema, pero es preocupante pues hacerlo así es una pérdida de tiempo y esfuerzos. El procedimiento adecuado es identificar el problema, medir sus efectos y buscar las causas para corregirlas.

Así como en la arena, donde para hallar pequeños trozos de metal se usan imanes; de la misma forma, con cuidado, debemos usar la inteligencia para encontrar los obstáculos. De no ser así, perderemos el tiempo que es vital porque si cumplimos las tareas adecuadas en el momento preciso, nunca tendremos afán.

Lo frecuente es oír a quienes se quejan de no tener momentos libres, pero el día dura lo mismo para todos. La verdad es que unos se organizan mejor, saben qué hacer y cuándo. En el día disponemos de veinticuatro horas. En total son más de quinientos mil minutos anuales que multiplicados por la duración de una vida promedio, suman millones. Si cada minuto fuéramos capaces de convertirlo en dinero, calculen cómo podríamos acrecentar o disminuir nuestra fortuna.

Entonces, vale la pena analizar cómo la gastamos. En otras palabras, cómo manejamos nuestro capital, nuestro tiempo, nuestro dinero. ¿Lo valoramos? ¿Sabemos utilizarlo? Debemos hacer un análisis para estar convencidos de que nuestros planes son buenos, con una justa administración del tiempo. Luego, saber cuándo comenzar.

Sí. De todos los momentos en la vida, comenzar es el más importante. El inicio. Cuando se quiere algo, se desea llegar y ser alguien, hay que hacer el esfuerzo de lanzarse. Para lograrlo: hay que comenzar.

Podemos ser lo que soñemos, pero si no "arrancamos" dejándonos llevar por la desidia, por el temor (léase miedo), normal cuando enfrentamos un peligro; esta sombra se transforma en obstáculo que invade nuestra mente entorpeciendo las emociones, para terminar trabados, atrapados sin salida.

Hay otro principio del que nunca podremos liberarnos: atraemos lo que deseamos.

Cuando uno quiere algo, funcionamos como un imán. Sucede igual con lo que no deseamos. Entonces, es peligroso.

Lo que más nos despierta temor, casi sin remedio termina por caernos encima. Por esta razón, tal actitud es riesgosa. La manera correcta de actuar es haciendo lo opuesto. Vencer el miedo cultivando lo contrario. Si tememos al mar, debemos convencernos de su belleza, de su inmensidad, de su poder. Desafiarlo. Si tememos a las alturas, recordemos la hermosura del cielo, su color, las estrellas, que arriba estamos cerca de lo Divino. Así como la química y la física tienen sus leyes, la mente y el subconsciente tienen las suyas. Ambos, aunque no los vemos están ahí, los usamos y para culminar nuestros deseos debemos actuar tranquilos, con fe, fijando propósitos específicos, metas concretas. Recordemos que la mente subconsciente trabaja con nosotros. Si la sabemos manejar, con la edad y la experiencia será nuestra fuente de sabiduría, paz y felicidad. Nunca olvidemos el papel de los pensamientos como director de nuestros actos. Hay que ser selectivos, tener propósitos sin echar a perder las metas y a pesar de que para mucha gente nunca ha sido fácil creer en lo que no se ve, la incredulidad no es ninguna prueba. ¿Han observado que las personas exitosas irradian algo especial?

Bien. Ellos no lo hacen por haber destacado en la vida, sino porque lo han venido haciendo desde siempre, contribuyendo esa facultad a convertirlos en triunfadores, grupo selecto que trata de ser agradable. Hay una regla. El triunfador no necesita ser agradado. Él sabe hacerlo. No le han llegado las cosas por azar. Ha luchado. Ha creído en él y en los demás. Con su liderazgo ha motivado a otros para que den lo mejor, a ser confiados, a producir, a tener fe en ellos mismos, organizando a su alrededor un equipo de actitud ganadora.

A la inversa, los que no triunfan; en parte, es porque no creen en los demás. Luego, aquellos no le responden. La desconfianza rompe el equilibrio. El que desconfía bloquea. La respuesta es lógica. Esos sentimientos y actitudes no se pueden detener. Separan con la misma fuerza del caso ganador, pero en sentido contrario. No obstante, actuar como alguien exitoso no quiere decir caminar desprevenido. Pero, si lo único que se esgrime es la prevención, esa energía mental rechazará a los demás transmitiendo desconfianza. Es una realidad.

¿Esperas que alguien te quite algo? Piénsalo. La fuerza de tu mente lo tentará. ¿Deseas recibir algo? Pídelo con fe, convencido. Lo tendrás. ¿Quieres salir de algún mal de salud? Cambia de actitud. Te sanarás. Arroja lejos de ti lo que no tiene valor. Piensa con benevolencia. No te valorices demasiado. Sé equitativo. Todos tenemos capacidades, limitaciones. Comprende a los demás. Tu sabiduría crecerá, tu mente se enriquecerá armonizando tu cuerpo físico y espiritual. No te sientas demasiado importante disminuyendo a los demás. La vanidad y la soberbia son gusanillos, venenos del alma que opacan la luz de la modestia. Hay que evitar el empeño equivocado de creerse superiores mirando a los demás por encima del hombro, sin entender que como seres humanos tenemos las mismas características, moduladas por el entorno en el que nacimos, el medio donde nos criaron, o el lugar en el cual fuimos educados. El soberbio no escucha. Pero si observamos, su arrogancia la usa ante quienes cree menos que él gritando, marcando sus palabras, pero cuando sabe o intuye que está frente a los importantes, la valentía se le va a los pies. Si esa gente fuera capaz de comprender que el eco de la amabilidad nunca termina y que con el hecho de cambiar ganarían; seguro que aconsejarían, enseñarían y sin alzar la voz serían admirados.

La sencillez, por el contrario, eleva la imagen, la hace sobresalir. Algo sobrenatural ilumina la grandeza. Además, hay que tener presente que al sabio le gusta la luz para él y para los demás, rechaza la oscuridad. Por eso, quien tiene sabiduría debe difundir sus conocimientos. Ahí radicará su fuerza. La vida funciona vida de más a menos buscando el equilibrio. El que tiene debe dar. El que sabe debe enseñar. Todos tenemos algo por transmitir y compartir.

¿Lo has pensado alguna vez?

Es cierto que el margen en uno u otro sentido puede ser grande; sin embargo, si sabes algo, ayuda a los demás, difunde lo bueno y sentirás tu recompensa personal aunque nadie te lo reconozca.

Caminar impartiendo enseñanzas, dando bondad y ayuda no sólo en el sentido material sino espiritual, crea un halo de buenaventuras que te rodearán, luego te admirarán, sentirás felicidad, satisfacción. Obtendrás lo invalorable: agradecimiento y lealtad.

Casi todo se puede comprar, menos la lealtad porque la dedicación de mentes, almas y corazones se debe ganar.

Es un ritmo: dar y recibir. No se puede lograr algo sin dar nada. Además, la generosidad enriquece, es un don. Quien da no teme al infortunio, pues de los placeres de la vida, uno de los más completos es la conciencia satisfecha. El premio es la tranquilidad, alimento espiritual que ayuda en todo sentido.

Muchos se preguntan ¿qué hacer para sentirme mejor?

Depende de cada uno.

Son los deseos, actos y realizaciones el cimiento de esa plenitud interior, fácil de construir con nuestro libre albedrío.

¿Cómo hacerlo?

Con fe. Con deseos. En caso contrario es difícil, casi imposible.

Opuesto al éxito, está la sombra del fracaso.

Es difícil pensar que no haya existido algún traspié en nuestra vida, pero no debemos culparnos por alguna falla ajena a nuestra voluntad. Si hemos actuado convencidos de haberlo hecho bien y nos hemos equivocado, debemos entenderlo. Errar es humano. A todos nos puede pasar. Falla el que hace. No falla quien no actúa, quien no hace nada, quien camina sin tomar decisiones para no correr riesgos, actitud que es la negación de la actividad en una clara demostración de timidez. Peor aún, de astuta premeditación para no decidir dejando las responsabilidades a los demás.

Es cobardía de vivir.

Como recomendación adicional sea cual fuere el caso, no debemos fustigarnos por los errores, nos crea inseguridad. Insistimos en esta actitud, pues el ser humano es quien más se castiga por sus errores y la recriminación constante es destructiva, intrascendente, dañina. Tampoco es bueno andar de error en error sin reconocerlos siendo blandos con nosotros mismos.

Hay que buscar el punto de equilibrio. Ser buenos jueces.

La justicia comienza por casa. Reconocer las fallas con nobleza sin echar la culpa a nadie, es lo correcto. Entender los errores ajenos es otra actitud positiva que alivia a los demás sin apabullar ni lesionar sentimientos. Esta virtud de los grandes de espíritu y de los bondadosos, es una forma de motivar que pocos saben poner en práctica.

Debemos ser generosos.

Triunfar no es fácil.

Debemos ser entusiastas con el éxito de los demás.

Armonía del cuerpo y de la mente

Creemos y estamos convencidos de que tenemos un alma. Diferentes creencias lo aceptan, punto importante porque los seres humanos somos genéricamente iguales, estructural y mentalmente, por pertenecer a la raza humana con la facultad de pensar, la capacidad de la memoria, el poder de concentración, las ideas, motivaciones, juicios para planificar, para decidir funcionando iguales aunque la actitud, más los sentimientos grabados en lo más profundo de cada ser, son la base de cada personalidad. Tenemos facilidades y oportunidades.

El color de la piel, los rasgos anatómicos, los idiomas, son variantes adaptadas a medios, a lugares cuyos factores sociales y culturales le imprimen características que podemos, por coyuntura, organizar en diferentes niveles: unos más destacados que otros. Los de arriba y los de abajo. ¿Esto nos diferencia? De ninguna manera.

Un humano, sin importar su lugar de origen, tiene el mismo proceso natural de crecimiento, desarrollo, aprendizaje, evolución y muerte, sin importar su estrato social. Como es en el nivel de arriba es en el de abajo, porque así como sucede en la vida colectiva es en el ser y en el Cosmos.

Si por las frecuencias vibratorias imaginamos el cuerpo dividido en dos niveles; la mente estaría en el superior por su mayor grado vibratorio y el cuerpo físico en el inferior pero, por pertenecer a un mismo ser, funcionan en íntima coordinación. Gran parte de nuestro cuerpo está compuesto por agua, característica que influye en las emociones y en el comportamiento.

39

Emoción es la forma intensa de reaccionar ante la experiencia de un suceso feliz, desafortunado, o a un cambio pues la mente gobierna el comportamiento influyendo en las substancias que circulan por el cuerpo físico. Imaginemos una red de canales cargados de energía transitando por todas partes, desde las más grandes del cuerpo hasta las más pequeñas. La adrenalina, por ejemplo, va por los fluidos. Nos hace reaccionar. Mente, fluidos y emociones tienen íntima relación, dependiendo de cada uno darle al cuerpo lo mejor para que como sea arriba, sea lo de abajo. La mente bien y el cuerpo estará en perfecto estado. Si lo de arriba es malo, el resto lo será. Hay que prestar atención al manejo de las emociones, de los sentimientos. Positiva y buena así debe ser la orientación de la mente para hacer circular esa vibración hasta la última célula. Podemos ejercitarnos. Concentrarnos para invocar el equilibrio del cuerpo con la mente. Sugerimos practicar el ejercicio de la armonización (2).

Es simple. Útil.

Hemos afirmado que los pensamientos vibran con la capacidad de proyectarse creando ondas positivas o negativas. Esta propiedad debemos manejarla, porque cuando aflora algo negativo la conciencia se debilita. A la mente hay que afirmarle: estoy libre, voy a lograrlo, nunca me va a suceder, sigo y seguiré bien. En resumen, siempre mensajes positivos. Afirmar es llegar, es realizar. Se convierte en una sentencia.

Lo deseado debe repetirse para que trabaje la vibración mental evitando el flujo contrario que ronda tratando de paralizarnos, momento en el que debemos usar el pensamiento positivo para evitar las malas influencias.

En la lucha por la vida cada actividad brinda la ocasión de evolucionar en pos de la "excelencia", palabra escuchada a menudo, condición de sobresalir en mérito, valor y calidad. Para la mayoría esta palabra suena difícil, casi imposible, algo destinado para privilegiados.

Pero no es así. Al aseverarlo insistimos en la relatividad de la vida en la cual debemos hacer lo que nos gusta, lo que sabemos actuando con pasión, concentrados para ofrecer lo mejor de nosotros y destacar. Así seremos calificados de excelentes.

Hay que hacer la prueba.

Será gratificante que identifiquen en qué pueden explotar sus habilidades, usando la perseverancia con tenacidad y fe.

Los resultados no se harán esperar.

Para abarcar la inmensidad a la cual pertenecemos, el Cosmos está organizado para funcionar a la perfección.

Nada debe andar mal.

Si hacemos algo, debe salir bien. Lo irregular es que salga mal. Estar sanos es normal. Lo excepcional es la enfermedad.

Si lo dudan, cuenten los días de su vida que han pasado enfermos. Hay claridad en este principio, pero existen los que se han acostumbrado a vivir en la mediocridad de equivocación en equivocación, haciendo mal lo que se debería hacer bien, a la espera de ser corregidos, de recibir ayuda.

Nada más absurdo.

Estamos cansados de ver felicitar a quienes hacen algo bien como si fuera especial. Es bueno hacerlo. Congratular es motivador, pero no exageremos. Cuando se elogia a cada momento sin una buena razón, se pierde efectividad. ¿Han pensado al respecto? Si cumplimos dejando de lado la desidia, el mundo será más eficiente, agradable, sin tantas diferencias. La capacidad de la inteligencia y de la mente humana es de todos, pero son pocos quienes se esfuerzan caminando hacia el encuentro de las oportunidades. Si no lo hacemos, ¿cómo podremos alcanzarlas? Conviene recordar que para ir en pos de la excelencia, se debe poner todo en juego con fe, sin perder la esperanza que es el motor.

A propósito de la esperanza, de la fe, tan mencionadas pero dejadas de lado; hay que darles su valor, pues grabadas en nuestra voluntad se convierten en una ley para el subconsciente formando un conjunto poderoso. Otra cualidad es perseverar.

Pocas tienen su irremplazable valor.

Cuando vemos gente talentosa sin éxito, podemos asegurar que han fallado por no haber sido perseverantes ni haber aprendido a manejarse de forma armoniosa, constructiva para sentirse confiados sin pensar en imposibles ni temer a las dificultades.

En el Universo todo se mueve en función de causas. Por esta razón, si tratamos de analizar pasando revista a los elementos constitutivos, no sólo de los favorables como es normal hacerlo llenos de optimismo sino de los desfavorables y de las amenazas latentes antes de emprender una acción, podremos de manera más segura avanzar sin dejarnos sorprender, actuando con decisión pero cautela, disminuyendo la posibilidad de equivocarnos al prever acciones en contra de lo adverso, algo crucial, dado que en oposición al éxito y a la excelencia está el fracaso, que tiene un gran impacto negativo porque desequilibra a los individuos no importando su nivel ni actividad.

Un fracaso es un fracaso.

Se graba con más fuerza que un buen resultado. No obstante, hay que aceptarlos. "Quién no haya tenido una derrota, por pequeña que sea o esté libre de pecado, no es un ser humano." Pero, ¿es posible evitarlos? Este grave inconveniente, a pesar de lo duro de sufrirlo y de sus funestas consecuencias sobre quienes han caído en sus garras; es un efecto, resultado de situaciones manejadas en el rumbo equivocado. Ir por ese sentido, es avanzar en contra de la experiencia sin escuchar la intuición. De todos modos, si en un momento nos caemos, evitemos dejarnos arrastrar por la frustración y el desconsuelo. A cualquiera le puede suceder.

Lo grave no es fracasar sino dejarse apabullar y como caer en él es la consecuencia de uno o varios errores, no debemos dejar que nos convierta en seres presionados por el desengaño, que dejemos de reír, de amar, que perdamos las esperanzas olvidando el encanto de vivir. Tales reacciones son equivocadas, funestas.

Si por haber errado no se ha logrado un objetivo, se puede retomar el proceso, cambiar de orientación. Casi todo es posible. No rendirse jamás es la forma de actuar para recuperar lo perdido.

Otra energía de cuidado, es la sugestión.

Cuando estamos sugestionados actuamos como si hubiéramos abierto una compuerta para dejar pasar corrientes que nos hacen actuar sin total control, estado que perturba. En tales circunstancias necesitamos luchar, con la fuerza de la mente, para bloquear estas causas externas repitiendo seré libre, no me dejaré influenciar, actuaré según mi voluntad. Recordemos que tenemos el poder de ordenar a nuestro subconsciente. Él nunca duerme, no descansa. Recoge nuestros mensajes, grabándolos para hacerlos irreversibles. Usando la autosugestión controlaremos estas causas externas porque la correspondencia es perfecta. Nos defendemos y la mente reacciona enviando la respuesta correcta a nuestro cuerpo. La nutrimos bien y ella responde. Por el contrario, si dejamos libre una sugestión, ella se impondrá. Hay que tener cuidado. Las leyes universales funcionan. Ser positivos es lo correcto. Ideas sanas. Mente sana, cuerpo sano. Todo armonizado. La parte física, espiritual y emocional.

Los extremos

Ahora que estamos convencidos de que la fuerza de la mente nos guía hacia el éxito -su ubicación, la forma como influencia las emociones y su correspondencia con el cuerpo físico- debemos reconocer que en el universo todo tiene dos polos, un par de opuestos. Recurramos a la imaginación.

Semejantes y antagonistas son idénticos por su naturaleza, aunque diferentes en su grado de vibración con sus innumerables etapas intermedias. El calor y el frío aunque distintos, son niveles de temperaturas que van de un polo a otro al agregarle o quitarle grados.

La alegría se opone a la tristeza, la escasez a la abundancia, el bien enfrenta al mal, y podemos mencionar innumerables polaridades. Este principio se refleja en forma dramática, aleccionadora, en el amor y el odio. Si salimos de uno en dirección al otro, empezaremos a sentir menos odio y más amor o viceversa, pues uno comienza a ceder dando paso al sentimiento contrario sin querer decir que cuando no se odia se ama, o que cuando no se ama se odia. Existen puntos intermedios, pero el amor mueve al mundo.

Al contrario, el odio debería ser desterrado por no engendrar nada bueno, ya que desencadena nefastos resultados posibles de evitar.

Amar acorta distancias, pone en juego ondas energéticas de alta frecuencia. El desamor, sin estar presente el odio, es un sentimiento que ubica a las personas en un limbo ajeno a la felicidad.

El amor es positivo como el valor, la salud, la verdad. El odio es negativo como el miedo, la enfermedad, la mentira.

Podríamos hacer una lista enorme de polarizaciones, pero todos podemos pasar de la frecuencia negativa a la positiva incrementando nuestras vibraciones; no sólo eso, podemos polarizar a otros, a una situación, un ambiente.

La lección práctica radica en la determinación para deslizarnos de un polo al otro aprendiendo cómo manejar las situaciones de menos a más en lo positivo, de más a menos en lo negativo, de lo malo a lo bueno, de las sombras a la luz, de la soberbia a la modestia, saliendo del mal hasta llegar al supremo ejercicio de pasar de la mente al cuerpo físico para concentrarnos en lo correcto.

Sabemos que a diferencia de la mente que es invisible, la materia es la parte que podemos ver por su menor frecuencia vibratoria. La primera varía de individuo a individuo sin intervención consciente, algo lamentable, pues cuando seamos capaces de hacerla vibrar a voluntad como algunos, podremos realizar acciones especiales.

Hemos mencionado los beneficios de las sanaciones que pueden ofrecer ciertas personas por su capacidad de polarizarse para modificar el estado de enfermedad de otros, hechos en que la fe del que lo recibe, juega un rol para no bloquear el poder de quien lo brinda con su fuerza mental y concentración.

Como la mente es el centro de las realizaciones, practiquemos el ejercicio para acumular y manejar la energía mental (3). Hacerlo con regularidad, ayuda a mantenerla en excelente nivel.

La fuerza de la mente es capaz de polarizar.

Probemos lo simple.

Cuando nos levantemos debemos preguntarnos:

— ¿Cómo me siento?

Si estamos cansados por habernos acostado tarde, digamos en voz alta:

— No estoy cansado, estoy lleno de vigor.
Si encontramos problemas al ir a trabajar, repitamos:
— Todo lo solucionaré. Somos un equipo.
Si discutimos con nuestra pareja al llegar a casa,
tengamos calma. Pensemos: "No debo discutir."
Veremos el cambio.

Todos recordamos que antes de contestar de mala
manera, es preferible quedarse callado un instante. Si
alguna vez lo hemos hecho, estaremos convencidos de
que es la forma inteligente para evitar problemas. Pues
bien. Ese instante manejando la respuesta, ha servido
para polarizar la cólera en tranquilidad. Con el mismo
procedimiento podemos manejar cualquier situación;
sobre todo, la íntima, la interior para pasar del miedo
al valor, de la desconfianza a la seguridad, del odio al
amor, de la altanería a la sencillez, del rencor al perdón,
de la enfermedad a la salud y ampliando el concepto:
al crecimiento personal. No debemos olvidar que al
concentramos nos elevamos para estar en condiciones
de mejorar nuestra propia situación, para tener días
agradables, llevaderos, porque esa energía contribuye
a polarizar todo. Si creemos haber fracasado o que
estamos en problemas, el remedio es polarizar la mente
pensando en mejorar.

Un personaje de la TV americana decía: "Mi vida es
una carrera de obstáculos: el mayor soy yo."

Usemos la convicción. No seamos nuestra propia
barrera.

En cuanto a la experiencia, cúmulo de sucesos
cuyos efectos buenos o malos son importantes en la
vida; marcha en estrecha relación con las intuiciones,
mensajes que tomamos como ideas externas aunque son
producto de una fuerza interior. Ambas, aprovechadas
en conjunto, nos ayudan a enfrentar la realidad.

La vida es como un libro.

Usamos intuiciones y experiencias para decidir, escribiendo capítulos que como cualquier autor podemos hacer tristes, hermosos, felices, llenarlos de triunfos o conducirlos al fracaso. Es tan importante el transcurrir de la vida, que debemos visualizar los objetivos, entender los obstáculos y si atravesamos por un mal momento, nunca privarnos de la libertad ni del entusiasmo para elegir qué actitud tomar en el camino. No debemos olvidar que todos tenemos dificultades. El que triunfa también las tiene porque la cumbre es un lugar difícil donde el talento más la perseverancia conforman una dupla necesaria, no sólo para definir "cuál" es el objetivo, sino "cómo" alcanzarlo. Insistimos en esta realidad porque en nuestros tiempos fijar metas no es complicado. Con una computadora se puede programar un Plan de Cinco Años para vendérselo a quien desee comprarlo. La pregunta esencial es: "qué" hacer para cumplirlo.

Si tenemos definida la meta, el paso siguiente es focalizarse con fe y voluntad para alcanzarla usando la misma fuerza y cambiar la polaridad.

Esta fórmula nos permitirá alcanzar cualquier objetivo.

Todo va y viene, pero debemos saber adónde ir

Un principio que no tiene discusión es que en la vida todo tiene la posibilidad de retornar. Lo que ha subido puede bajar y lo que ha bajado puede subir. Hay períodos de avance y de retroceso como en el movimiento rítmico pendular. Haces el bien, algo bueno recibirás. Haces un mal, el infortunio caerá sobre ti. Acción y reacción. Observen las mareas. Las estaciones del año. El día y la noche. El apogeo y las crisis de las naciones. Se trata de un movimiento constante y ligado a esta regularidad, hay una recomendación. No ganarse enemigos. Con lo complicado de vivir en la actualidad parece una tarea difícil, pero es posible si actuamos con inteligencia. Un opositor quita demasiado tiempo. No hay que desperdiciar ni un segundo. Hay que hacer amigos, es lo sensato; a pesar de que la sensatez parece molestar a quienes toman riesgos innecesarios, no porque la posibilidad del fracaso les sea indiferente, sino por no evaluar los riesgos. Así como el universo se mueve con un ritmo, lo hace el estado mental, la respiración, los latidos del corazón, los intercambios químicos en el interior de cada célula, la alegría y la tristeza. El ritmo está en todo.

La Ciencia lo considera una actividad cósmica.

Recordemos la tercera ley de Newton: "A cada acción le corresponde una reacción equivalente y opuesta."

Todo va y viene, con la recomendación de aprovechar lo ganado para disfrutarlo, pero al mismo tiempo pensar en las amenazas y peligros que puedan opacar cualquier logro.

Si hablamos de lo material, principal preocupación de la humanidad, la riqueza ociosa o mal empleada puede conducir a la pobreza. El trabajador laborioso puede llegar a ser rico. Como este vaivén no se detiene, los sufrimientos nos enseñan a ser pacientes, a tener fortaleza. La fatiga y la abnegación desarrollan la voluntad. Hacer cosas desagradables con un fin útil modela el carácter, da templanza. Alguien dijo: "Si quieres gozar del arco iris, tendrás que soportar el mal tiempo." La duración del proceso rítmico puede ser corto o largo, pero ocurre siempre. Hay que estar listos para aprovecharlo sin que nos perjudique. Un buen ejemplo es el hábil manejo de quienes viven en lugares que se transforman cíclicamente por efecto de las mareas. El mar se aleja de la orilla, luego vuelve. En esas zonas aprovechan ciertas horas para unas actividades cuando la marea baja, otras cuando sube. Le sacan partido a las dos. Saben aprovechar el ritmo enfocando las circunstancias.

Las temperaturas altas sirven para ciertas funciones, las bajas para otras. Lo tratado con una puede dañarse con la otra y viceversa; pero ambas son necesarias.

Así es en la vida. Todo es útil.

Si está, es por algo.

Cuando analizamos el vaivén económico, las ganancias se pueden optimizar con el ahorro, costumbre remunerativa que brinda confianza en el presente, seguridad para el futuro, previniendo la oscilación rítmica que puede hacernos caer. Si hemos ahorrado, es posible salvarnos en épocas de crisis por estar preparados. Actuar así no quiere decir ser pesimistas, sino precavidos. De suceder algo negativo, el ritmo se dará pero no seremos afectados.

Como la ley de acción y reacción es universal, nos da pie para insistir: ¡Cuidado con los pensamientos! Imaginemos comienzos y finales felices. Si lo hacemos, los decretamos. La vida es nacer, crecer, transformarnos, caminar por el sendero adaptándonos, pues esta etapa hay que agradecerla, consentirla, saborearla cuidándonos de la marea que fluye y refluye, neutralizando las probables bajadas como preparados para esquivar una gran piedra rodando hacia abajo, saltando por encima de ella para no ser alcanzados. Si lo hacemos a tiempo nos libraremos de su impacto. Hace falta prepararse, estar dispuestos y calcular. De tener éxito evitaremos pérdidas económicas, sentimentales o profesionales.

Si vamos de triunfo en triunfo, cuidemos los próximos pasos para seguir el camino. No se puede bajar la guardia.

Hay quienes se han confiado, por qué no decir descuidado, y han perdido lo ganado.

Esas caídas son duras.

Otro aspecto importante de cada persona es su estado anímico, en especial la euforia y la depresión. Debemos aprender a controlarlas, sobre todo la segunda.

Cuántas veces hemos oído de aquellos que se deprimen con facilidad, terrible sensación que opaca a los fuertes y acaba con los débiles. El autocontrol para pensar y sentir es una cualidad reguladora que nos impide caer en estados de miedo o de tristeza. El miedo es un freno emocional, fruto de malas influencias que nos pueden invadir. Cuando nacemos no tenemos ningún miedo. Sin embargo, todos se esmeran en llenarnos de temores de las más diversas especies hablando de héroes, de malvados, de ángeles y demonios que combinados con nuestra imaginación, se convierten en una legión de tormentosas sombras, motivo de frustración, en un medio donde con frecuencia existen cóleras, odios, hipocresías, egoísmos y envidias que enferman el alma convirtiéndonos en temerosos de herir o ser heridos. Hay quienes desean ser buenos, no por el hecho de serlo sino por miedo al castigo. Eso fue lo que nos enseñaron. Si eres bueno te premiaremos, si eres malo te castigaremos. Tenemos miedo de ser nosotros mismos, aparentando sin ser como somos de verdad.

Si retrocediéramos a nuestra niñez y los mayores no nos hablaran de miedos - de sus miedos - podríamos ser tan felices como cuando nacimos. Fingimos para ganarnos el aprecio de los demás por temor a ser rechazados, a no ser valorados tratando de conseguir oportunidades con excesos, con errores por ese afán enraizado en el corazón. Por suerte, el "péndulo" no sólo trabaja cuando uno está bien sino en el sentido inverso. Podemos recuperarnos.

Cuando alguien ha caído en desgracia o está influenciado por lo negativo, puede volver al camino correcto por ese ritmo infalible. La mente, la fe, el deseo de hacer, de salir de los problemas ayuda en el retorno, pero si bien es cierto que podemos regresar, la recomendación es movernos evitando lo negativo que atrae con fuerza, tratando de ir en contra de esa tendencia difícil evitar en el camino.

Ahora que sabemos de los efectos pendulares, tratemos de hacer el bien no importando si pasamos inadvertidos. La razón es importante.

Hacer el bien y compartir se oponen al egoísmo, defecto que envilece, priva del placer de colaborar, de servir sin interés, de no utilizar el don superior de dar. Debemos recordar que frente a un comportamiento generoso que satisface a quien lo ejecuta, el egoísta no lo comprende porque en él prevalecen sus principios equivocados. Ser generosos, confiados, sin pecar de ingenuos nos permite saber en quién creer usando ese sentimiento superior que nos da la capacidad de percibir el halo negativo de los que sólo piensan en ellos. Como adición, la honestidad y la sinceridad ayudan en la vida para caminar confiados sin pensar que los demás tratan de tendernos trampas; obsesión de quienes piensan así como reflejo natural de su propia personalidad, de sus actitudes. Saber qué somos, estar satisfechos, vivir conformes creyendo en lo que hacemos, son condiciones para usar la llave de la vida de manera correcta. Las galaxias aparecen para luego convertirse, después de millones de años en una masa inerte hasta que las fuerzas cósmicas las impulsan a un nuevo ciclo. Nacen, crecen, se transforman. Igual sucede con las células del cuerpo. No hay reposo en el macro ni en el microcosmos, pues todo está en continuo movimiento, no se detiene.

Si recordamos la correspondencia de la mente con el cuerpo físico, es posible ganar seguridad en uno mismo.

¿Cómo?

Practicando el ejercicio de la protección (4).

Con él aprenderemos a cambiar de plano.

Somos conscientes que comprender estos principios no es fácil, pero cuando se disipan las dudas se progresa de forma continua.

Cambiar de plano es como si nos hubiéramos elevado sobre una amenazadora corriente de agua para que no nos alcance.

¿Está "lloviendo" demasiado? ¿Nos sentimos mal? Cambiemos de nivel. Vamos arriba. El agua no llegará.

Dominar este proceso es entender, evolucionar física, emocional y espiritualmente para transmutar lo negativo. Si alcanzamos lo alto, además de protegernos recibiremos mensajes, los males se irán y la mente desechará las emociones negativas.

Es un proceso positivo.

Algunos rezan, creo que todos hemos rezado alguna vez. Pues bien, cuando lo hacemos, nos concentramos para elevarnos a otro nivel, pero sea cual fuere el método se debe rechazar cualquier pensamiento, persona o idea negativa para que con la voluntad focalizada nos enfrentemos para derrotar al miedo, al desaliento, luchemos contra la depresión desechando el odio sin pensar en venganzas, superando las fatigas para bloquear las mentiras con la verdad.

Cuando dicen que la historia se repite, se preconiza el movimiento pendular. Los cometas, la música y la danza son rítmicos así como los cataclismos, las mareas, la melancolía y el amor; pero cada uno tiene su frecuencia vibratoria.

Si estamos mal, sin deseos de trabajar, con la angustia de no poder salir de lo que nos martiriza; es seguro que la parte mental, motor de las emociones, está en un bajo nivel. En estas circunstancias debemos contrarrestar ese descenso anímico ordenando al consciente que todo va a salir bien, que podemos resolver los problemas y ubicarnos donde nos encontremos cómodos para manejar las energías.

Es fundamental.

Si con la práctica logramos concentrarnos, cambiaremos nuestro estado para llevarlo al nivel superior, a la parte segura de equilibrio, estabilidad y fuerza mental.

Los motores trabajan con combustible.

Debemos alimentar nuestra parte emocional así como lo hacemos con la parte física. La recomendación es practicar este ejercicio para acumular y manejar la energía. Nos permitirá medir nuestro "combustible", recargarlo y con el tiempo dominar esta sencilla forma de sentirnos plenos. Si por las circunstancias la mente nos siguiera fustigando para mantenernos abajo, sensación de algunos, debemos tener la convicción para manejar las energías controlando las fuerzas elementales, evolucionar y crecer.

La vida es una sucesión de hechos buenos, malos, agradables, desagradables, felices, dolorosos; espacios cortos, algunos interminables en apariencia, pero todos no importando clase, intensidad, duración o efecto los hemos deseado o tienen una razón.

Si es nuestra voluntad, está bien. En caso contrario se debe prestar atención. Está mal si no tenemos una causa que lo justifique.

Analicemos un espacio de nuestra existencia, el más feliz o el peor de todos y encontraremos elementos que nos permiten afirmar que han tenido su causa. Sucede con todo, funciona en el Cosmos.

Una pareja se transforma en causa cuando engendra, pero sus descendientes desarrollan personalidades cuyos rasgos predominantes son sólo parte de los padres. Más adelante, los problemas de la juventud se derivan del colegio, de la universidad, de los amigos, son un producto combinado de causas, a veces guiadas por influencias dominantes al dejarse llevar por lo que sucede en su entorno. La herencia, la sugestión, las tendencias más otras causas que en ocasiones manipulan a las personas como títeres, hacen de su vida una farsa. Menos mal existen líderes, individuos que se convierten en motor de gente abierta, atenta por admiración, subordinación o sumisión espontánea de acuerdo a su criterio.

Aunque deseamos que nada negativo nos ocurra en la vida, el hecho mismo de vivir y pertenecer al género humano nos expone a riesgos, a situaciones adversas en las que se precisa identificar las causas. Por lo intenso de la vida actual, el problema radica en la existencia de individuos que caminan desprevenidos, inermes, expuestos a riesgos sin medir las consecuencias; mientras otros no hacen nada, ni dan iniciativas para no equivocarse. Este grupo puede que no llegue a conocer el fracaso, pero jamás saboreará un triunfo. Quien nada hace, nada puede conseguir.

El principio de causa-efecto es aceptado, razón para insistir que no existe la casualidad ni siquiera en los juegos de azar. La denominada "buena suerte" no es sino la suma de circunstancias, más factores convergentes para que suceda algo afortunado. Hay quienes dicen que es el encuentro de la inteligencia con la oportunidad, pero es un hecho que el número ganador en una ruleta cuando la bolita se ha detenido, no sucedió por azar. Fue la suma de factores agregados: el impulso de la mano del encargado de ponerla en juego, el roce de los elementos mecánicos al girar la ruleta, la gravedad del lugar donde se encuentra el Casino, más otros que se pueden tomar en cuenta. Si todos los elementos, de ser posible fueran repetidos exactamente en las circunstancias del momento de la anterior jugada, el efecto detendría la bolita en el mismo número por la secuencia exacta de las causas. Varios hechos iguales producen el mismo efecto, pero ningún efecto crea otro. Si hay un cambio, es por otra causa pues en todo suceso existe una relación con el siguiente, así como cada pensamiento liberado causa un efecto. Este hecho hace que con frecuencia existan quienes son esclavizados por opiniones, costumbres o pensamientos ajenos, presionados por emociones que pueden debilitarlos hasta terminar con un débil manejo de su personalidad.

Poda las malas hierbas. Lo bueno florecerá. Se han detenido a pensar ¿por qué necesito esto? ¿Por qué fumo? ¿Por qué bebo? ¿Qué me hace preferir a esta persona? ¿Hay razones para mi conducta? ¿Por qué hice tal cosa? ¿Por qué dejé de ir?, así sucesivamente. Al hacerlo las respuestas nos permitirán saber el porqué hemos sido empujados hacia lo correcto, efecto enriquecedor, o hacia lo contrario que puede restarnos valor espiritual. Si logramos actuar por nuestro propio criterio, tendremos las puertas abiertas para buscar las mejores opciones sin la capacidad del ser humano para discernir, escoger, decidir; pero al actuar ¿necesariamente estamos supeditados a una causa?

Sí. Es una ley universal.

La vida está influenciada por las leyes del Cosmos, pero cada uno puede conducirla usando su libre albedrío, ser mejor o peor. Cada uno lo decide. Quienes avanzan espiritualmente dan pasos definitivos hacia donde jamás se pierde lo ganado, ni se retrocede.

Cada día es fácil comprobar cómo los niños descendientes de una pareja son diferentes a pesar de venir de la misma causa, hecho que tratan de explicar argumentando la existencia de energías diferentes a quienes los han engendrado. Es discutido, pero la realidad es que los hijos no son iguales en su carácter, reacciones, ni comportamiento.

"Qué hermoso se ve el cielo con un arco iris y cómo fluye la calma en una noche fresca cuando la lluvia ha dejado su aroma."

Pensar para decir cosas bellas y actuar bien, hace que la mente se tranquilice llenando al espíritu de paz. Todos podemos pensar en lo hermoso, expresarlo, pintarlo, admirarlo, describirlo… caminamos sembrando causas, produciendo efectos, podemos ser odiados, amados o pasar desapercibidos. Seguro han escuchado hablar del karma, de la forma cómo viven quienes se escudan en ese término con seguridad mal interpretado, para justificar ineptitudes, fracasos, desidia, un transcurrir problemático buscando la justificación adecuada por su falta de valor para enmendar sus pasos con fuerza de voluntad, con capacidad, sin estar a la espera de consuelo, de palabras que a veces no ayudan, sino hacen más daño. "Cuando se inventaron las disculpas, se acabaron las obligaciones." Lo correcto es cumplir, ir en ascenso, progresar. Todos podemos. Hay que esforzarse con fe y lo entenderemos si observamos la competencia diaria en cualquier actividad simple o compleja. Es como la línea de partida en una carrera. Quien sale veloz avanza, mientras los demás se quedan. Una promoción laboral es eso. Alguien progresa, los otros no. A partir de ese momento los colegas lo miran diferente, se acaba el compañerismo, disminuye la estima personal. El ascendido pertenece a otro grupo. Ya no es de confianza.

Gran error.

Reprobar materias cuando se estudia marca otra diferencia. Son los que se quedan, los demás continúan. Así es en todo. Lo importante es confiar en nuestras capacidades para que como resultado de la causa-efecto nos desplacemos como el buen nadador, según su voluntad sin dejarse arrastrar a merced de la corriente. Existe una premisa indiscutible: si queremos llegar, llegaremos. Podemos ser nuestra mejor causa.

"Lo difícil es querer, hacerlo es fácil"

Nuestro mundo maravilloso

Concepción y creatividad.

Al hablar de concepción, lo vinculamos con generar, concebir, procrear, producir; es decir, la base existencial en la que están presentes los dos géneros, el masculino y el femenino. Una simple partícula está conformada por ambos. Nada existe sin esa mutua intervención. No hablo de crear, porque muchos lo definen como la producción de algo de la nada, pero de la nada no se pude crear nada. Es diferente si hablamos de la acción de hacer algo por primera vez, palabra íntimamente vinculada con innovación, acto de modificar algo para lograr resultados mejores o diferentes a lo existente; ahí entra en juego la creatividad.

Provistos de una carga femenina negativa, los electrones giran a gran velocidad en torno al núcleo atómico bajo la influencia de los corpúsculos masculinos positivos. En otras palabras: el ánodo (+) estimulado por el cátodo (-).

En este punto, conviene aclarar que cuando hablamos de negativo y positivo no se trata de las propiedades de hacer el bien o el mal sino de sus polaridades (+) y (-).

El corpúsculo femenino busca la unión. Para iniciar el proceso creador, la influencia masculina lo hace vibrar propiciando la unión. De estas simples pero vitales manifestaciones surge la "chispa energética" de la creación.

Si nos trasladamos a la creatividad, si ponemos la mente en blanco para concentrarnos, uno encuentra su parte activa (+) que manejamos a voluntad para tomar decisiones y para actuar. Es la parte consciente. Como donde existe lo masculino está lo femenino, percibimos al segmento pasivo (-) con sus opiniones, conocimientos, simpatías, rechazos; es decir, los componentes de la personalidad. No hay dos personas iguales. El subconsciente alimenta con su "archivo" que guía al consciente. En otras palabras, el MI (-) genera esa energía conocida como imaginación y al final el YO (+), con su intervención activa los expresa y ejecuta según su voluntad. Sin él nada pasaría, aunque para ser consistentes, sin los dos, nada pasaría. Hacen la pareja perfecta.

Un escritor acumula experiencias, conocimientos, hasta que un día el MI estimulado por sus vivencias, lanza una idea para que el YO lo convierta en un libro. Lo mismo sucede con los inventores, idealistas, líderes, gente que desea innovar, campo en el que se han creado cosas simples pero prácticas y maravillas brindadas a la humanidad.

Creatividad y la forma de actuar, son efectos de la energía mental de cada uno, tan importante que la debemos manejar sin caer seducidos por la influencia de otros YO. Hay que estar atentos actuando convencidos de lo que hacemos luego de un análisis de las opciones, dejando de lado esa arma de doble filo: el ego, que puede ser definido como el aprecio excesivo que una persona siente por sí misma, sentimiento que a veces puede servir, pero con frecuencia es malo.

Aparte de este problema potencial, hay quienes siguen a otras personas pensando que son mentes superiores capaces de ayudar. Cuidado. Algunos tratan de sembrar ideas equivocadas y se debe tener la fuerza suficiente para rechazarlas. No olvidemos las experiencias de quienes empujaron al mundo por sendas equivocadas siguiendo las premisas nazis de "miente, miente que algo queda.", para luego burlarse con su convicción que lamentablemente da resultados: "cuanto más grande es la mentira, más impacta." Lo triste es que en los medios podemos ver a diario a personajes envenenando el aire con engaños para manejar las mentes de quienes le creen o se dejan comprar.

El poder de la mente es total.

Hay que enriquecerla para evolucionar.

Llegada esta parte, si bien es cierto hemos hecho comentarios en apariencia simples, hasta redundantes para insistir en lo positivo y lo negativo, ha sido para que diferenciemos las energías y seguir lo que nos conviene, evitando lo que no.

La mente nos hace actuar.

Debemos escoger.

Por ejemplo, el mal genio lo encontramos a diario. A veces somos sus víctimas sin medir el daño que difundimos.

Saber manejarlo es una cualidad.

Cuántos sucesos amargos se hubieran podido evitar controlando el temperamento sin convertir esos arranques en palabras que hieren como proyectiles. Lo peor es que el mal genio nos mete en líos; luego, el ego nos mantiene sin tratar de enmendarnos. Existe una fórmula antigua, conocida y práctica.

Nunca contestar ni reaccionar con violencia. Se debe dedicar fracción de segundos a pensar. No lo voy a decir. No voy a herir. No debo ser agresivo.

Evitaremos reacciones desafortunadas.

Hacer una pausa antes de hablar o actuar, es un hábito que debería convertirse en reflejo condicionado de todos para evitar respuestas fuertes, imprudentes, rudas o actuaciones que nos pueden llevar a errores. Debemos hacernos este propósito para vivir sin conflictos, evitarlos, pues es más fácil crear situaciones complicadas que desaparecerlas y menos salir de ellas.

Paralela a esta manera de actuar, la virtud de admitir las equivocaciones, de reconocer los errores, es propia del bien formado espiritualmente ya que nos ayuda a superarnos para no cometerlos otra vez. En esta línea de conducta no hay que dejar de lado los consejos, hay que oírlos, no hacer como los tercos abrumados por su necedad. Recibir ayuda es muestra de humildad, de sabiduría porque la arrogancia no conduce a nada.

Es sabio quien enriquece sus conocimientos cada día.

No es fácil vivir.

Será un gran paso practicar el ejercicio para invocar (5).

Otro avance importante para andar firmes en la vida, es usar los atributos personales para mantener y mejorar nuestra imagen ante los demás. Saber escuchar es una actitud difícil, tanto como ponerse de pie para hablar.

Hay cosas agradables. Una, es tener alguien que nos escuche. ¿Por qué? Porque pocos saben hacerlo.

Lo frecuente son las interrupciones de quienes piensan en lo suyo sin importarles quién les habla ni lo qué dice.

Escuchemos, si deseamos ser escuchados.

Así como escuchemos, así nos escucharán.

Si estamos frente a un auditorio, sin importar el número de oyentes, debemos saber despertar el deseo de oírnos pues para ellos como en la música, nuestras "notas" deben sonoras, agradables y armoniosas. Si a estas características le agregamos cortesía, hábito obligado en las relaciones personales, tendremos una fuente de simpatía que mejorará nuestros vínculos para encontrar el éxito. No está demás recomendar el cuidado con lo que hablamos, precaución que no quiere decir mentir, pero en todas las oportunidades no se puede decir todo. Hay que racionar la información según el caso usando una voz persuasiva para no desagradar; sobre todo, cuando existe la necesidad de disentir. La claridad es básica. La forma es tan importante como el fondo.

Asimismo, hay que saber qué hacer, por qué, cuándo y cómo para actuar demostrando interés por los demás, que se sientan considerados frente a nuestra actitud mental clara y actitud correcta. Parece un juego de palabras, pero es corriente enfrentar situaciones en las que actuar de manera impecable. No es complejo, pero es una de las llaves de la vida en esta mezcla de buenos y malos momentos donde se da, se recibe, se gana, se pierde y es necesario evitar la indecisión para dejar una buena imagen. Hay que hacer lo mejor. Pensar lo correcto.

Lo esencial: obrar por el bien.

A manera de complemento, es básico tratar de vivir felices, en armonía y desalentar el chisme que es pérdida de tiempo, además destructivo. Desechemos la calumnia. No esperemos la recompensa ni el reconocimiento, pero hagamos lo mejor, que los demás nos descubran, que nos sientan.

Lo recordarán.

Entonces, como no hay plazo que no se cumpla ni deuda que no se pague, será el momento de nuestra satisfacción.

Sabemos que esta última parte puede generar detractores, porque pueden pensar diferente. Es irrefutable.

Nos comportamos de diferentes maneras. ¿Qué sería si tuviéramos el mismo nivel, nos gustara lo que le gusta a todos, nos moviéramos al mismo tiempo? Todo previsible.

¿Dónde estaría la magia energética que nos diferencia?

La experiencia enseña. Es otro axioma. Pero somos duros con quienes tienen formación pero no práctica. Esa evaluación crea un círculo vicioso. En la vida todo tiene un inicio. Por lo tanto, no se debe considerar a las personas inexpertas como vasos vacíos, sino como luces por encender. Hay que usar el juicio correcto. Revivir la memoria de quienes ostentan el poder. Ellos deben recordar que un día alguien les abrió una puerta. No obstante, si bien reconocemos las dificultades de una buena selección, se recomienda tener en cuenta a todos los postulantes, sobre todo aquellos que despiertan curiosidad, hay que "ver" qué esconden. Tendremos sorpresas. Hay que saber diferenciar para elegir a las personas con o sin experiencia siendo comprensivos, con buena voluntad porque todos, con ciertas condiciones relativas a lo que necesitamos, pueden aprender y sorprendernos llegando a ser mejores que los experimentados.

Es valioso el respeto por los demás. Cuidado con el "péndulo". Hoy estamos arriba, mañana podemos estar abajo.

En la vida se gana, se pierde, se transcurre en el anonimato, en la mediocridad, pero existen quienes a propósito tratan de pasar desapercibidos para no exponerse.

Es una táctica.

Sin embargo, triunfan los luchadores, los que se baten entre victorias, entre derrotas, en cualquier escenario. Esta forma de actuar deberían entenderla los críticos que señalan a quienes tropiezan cuando van en pos de sus sueños. Esa gente, incapaz de crear pero sí de juzgar con dureza, habla en voz alta en vez de admirar el entusiasmo, la dedicación de los que quieren hacer más.

El oro se encuentra tamizando mucho barro.

Existen los que trabajan duro. También los aprovechados. Los últimos se ganan los méritos con los esfuerzos ajenos. A pesar de este hecho, no debemos desviarnos de nuestros propósitos ahora que las cosas se complican haciéndose cada vez más difícil la búsqueda de gente honesta, leal y sincera. Tenemos que ser justos, realistas ante el arribismo, la injusticia, el oportunismo que impera entre los que logran resultados aparentes, efímeros estigmatizando su conducta, sin mencionar la pobre herencia que legan a su espíritu.

Durante esta etapa terrenal, la existencia nos da la ocasión de progresar. No lo olvidemos.

Deben pensar en tres imágenes. Cómo creen que son. Cómo piensan que los ven. Cómo quisieran que los vieran.

Parece sencillo, ¿pero lo es?

Si las tres son iguales, están en la vía correcta porque con honestidad tratan de ser lo que en realidad son.

No olviden.

Quien es capaz de manera sencilla de mostrarse natural y transparente con convicción, irradia una imagen sólida para triunfar.

Lo más y lo menos

Nada de lo que poseemos tiene valor, si no sabemos usarlo. Tal aseveración no es conformismo sino reflexión. Debemos ser felices con lo que tenemos, alejándonos de la envidia que corroe el alma. Si vemos alguien en problemas, debemos pensar cómo ayudar, y actuar. La satisfacción de hacerlo, de compartir será la recompensa. Cumplimos misiones en la vida. No hay que dejar pasar los días. El tiempo avanza. Hoy es el mañana de ayer. Mañana será el futuro. Ayer fue el pasado de hoy. Si tenemos fe en el porvenir, el horizonte será próspero y recordaremos el ayer con alegría. Lo que ha sido fue. Es lo que es. Lo que será, depende de cada uno. El ex congresista estadounidense Claude Pepper decía: "La vida es como andar en bicicleta. Uno se cae si deja de pedalear."

En el transcurso de estas líneas hemos tocado sentimientos, conductas, actitudes, expresiones con significados que podrían cambiar a la humanidad. Entre ellas, por el bien de todos deberíamos tener presentes el amor, la amistad, la honestidad, la justicia y la lealtad. Desterrar la arrogancia, el egoísmo, la envidia, la mentira, el odio, para impulsar las que nos hacen progresar como la creatividad, la ambición, la esperanza, la perseverancia, la fe para no sufrir angustia, cólera, depresión, desaliento, desidia, pesimismo ni tristeza, y como la mente atrae aquello en que nos concentramos, debemos estar seguros de ser sanos, alegres y esperar abundancia de todo lo bueno confiados, entusiasmados sin pensar en lo malo, en el chisme, la crítica destructiva, el cinismo ni la intolerancia. Amemos en vez de odiar, sonriamos. No caminemos con el rostro agestado. Una sonrisa rompe el hielo y no vale nada. Alegrémonos, desechemos el mal humor, construyamos para no destruir, perseveremos sin darnos por vencidos, elogiemos en vez de criticar, actuemos con vigor, perdonemos sin guardar rencor, dialoguemos, escuchemos los consejos que por simples que parezcan son valiosos porque nunca está demás recibir las experiencias ajenas ni lo bueno.

Es preocupante cuando la mentira vive como un hábito en las personas. Ella es terrible a pesar de su apariencia inofensiva y la facilidad con que la gente miente, pues afirmar lo que es falso ha sido, es y será de las prácticas más comunes en la vida cotidiana, pero no olvidemos que son discursos, contrarios a la verdad, que van desde los simples e inofensivos, sin dejar de ser falsos, hasta los preparados con ingenio maligno para hacer daño como la calumnia, la más perversa de todas las mentiras.

Se podrán recorrer conceptos, pero al final de cuentas ¿se reflexiona sobre el peso moral de la mentira? ¿Se analizan sus consecuencias? ¿Es tan difícil caminar por el mundo siendo veraces? ¿La vida empuja a la mentira? ¿Es un arte mentir sin ser descubierto? ¿Algunos triunfadores han sido hábiles mentirosos? ¿Las mentiras permiten llegar a la verdad? Si mentimos para proteger ¿estamos actuando mal? ¿Los lazos íntimos pueden hacer entender el porqué de una mentira? ¿Así como se castiga el fraude, se debería castigar la mentira?

En fin.

Habría que analizar cada respuesta, pero la mentira siempre será condenada. Debe corregirse tal actitud, polarizando lo falso hacia la cierto y dejar de lado la envidia, los celos, la avaricia y la arrogancia.

Algo común en estos tiempos, por el desmedido afán de ser más que los otros, es mirar de reojo lo que tiene el vecino; conducta intrascendente, porque casi todo depende de cada uno, es personal, relativo. Sin embargo, la envidia invade el ego de muchos, les enferma el alma como un gusanillo que los hace sufrir sin que puedan evitar esa reacción negativa. La fórmula para vivir felices es compararnos con nosotros mismos. Sabemos de dónde venimos, dónde estamos. Si hemos avanzado, no importa cuánto, es magnífico. De eso trata, del esfuerzo vehemente, honesto para no permanecer en la misma posición ni retroceder porque avanzar es la recompensa del que lucha para surgir. Cada paso es una ganancia. Gana el que avanza superando su propia posición.

Si lo reflexionan verán cómo estarán satisfechos cada día y, aún más, cuando constaten que comienzan a superar a los demás cosechando el fruto de esta filosofía en una forma natural sin necesidad de envidiar a nadie.

En adición, evitemos los celos, sentimiento ligado a la inseguridad. Si bien es cierto que el amor anda de la mano con ellos, el producto negativo es la pérdida de la confianza. Sin ella, no hay afecto verdadero, no hay amor, puede existir atracción, afán posesivo, no más. Si no existiera la desconfianza, ¡qué felices serían las parejas!

Celos y envidia, a pesar de sus diferentes connotaciones, son sentimientos negativos que afectan las actitudes y bloquean la mente; así como la avaricia, afán desordenado de poseer riquezas con vehemencia, conducta que podría ser considerada de otra manera si no fuera porque contrario al generoso, el avaro lo escatima todo. La avaricia no se debe justificar con la palabra previsión, menos con ahorro, actitudes inteligentes contrarias a quienes con egoísmo desean acumular riquezas sin dar oportunidad ni beneficio a los demás. Todo para ellos, obsesión en la que a menudo se valen de tácticas prohibidas. En oposición, si una persona no es avara, sin ser egoísta puede multiplicar los beneficios de su riqueza.

Envidia, celos y avaricia, sin dejar de reconocer que son sentimientos dinámicos, van en direcciones equivocadas. También el desaliento. Al estar desalentados, las fuerzas desfallecen, nos abandonan, somos incapaces de cumplir compromisos, se nos escapa el entusiasmo. Hay quienes se desalientan por nada, para luego escudarse en disculpas sin desear recuperarse.

La falta de voluntad, es la madre de los pretextos.

Si en vez de caer en el desaliento manejáramos la esperanza, el efecto positivo nos ayudaría a encontrar el camino elevando nuestra buena marcha emocional.

Como la idea es evitar dificultades, la ambición bien entendida nos impulsa, a condición de saber modularla, pues tampoco hay que exagerar. Es gratificante cumplir una meta. Pero debe ser bien trazada porque cada cual es feliz cuando la cumple. Si fijamos metas forzadas, léase imposibles, puede ser un error costoso por hacer perder la confianza a quienes asumen la responsabilidad, consideración importante ya que mencionamos lo duro que es fallar, sus secuelas, y lo difícil de levantarse, pues requiere concentración, enterrar lo sucedido y recurrir a la innovación.

Innovar, sinónimo de cambio, es una palabra que el mundo menciona sin atribuirle su importancia, sobre todo ahora cuando se debe reaccionar sin perder tiempo frente a cualquier revés, modificando el rumbo luego de investigar los motivos.

Las consecuencias y los errores deben quedar como una enseñanza, con tolerancia, sin lamentos, sin excusas, porque todo cambia, todo se transforma, pero existen barreras casi naturales que agravan las tendencias a fracasar por las variantes que los implicados no ven, o no quieren ver, pues siguen sus pasos sin cambiarlos ni programar lo necesario. La innovación, la creatividad, la capacidad para decidir y el tiempo, son las claves en un mundo moviéndose a tal velocidad que no perdona las decisiones equivocadas. Si nos lamentamos diciendo que las cosas no son como antes, es un llamado para tomar acción inmediata sin dejar pasar el tiempo. La vida es una lucha constante donde si deseamos avanzar, hay que ser soñadores pero realistas, actitud indispensable para identificar las oportunidades detectando sus amenazas. Esta oposición cruzada con los puntos fuertes y débiles en cada caso, confirman la polaridad de cualquier hecho si nos movemos en función de una realidad en la que debemos usar nuestras opciones para aprovechar los vacíos ajenos eliminando o mejorando los propios para no dejar espacio a las corrientes opuestas. Hacerlo, marca la diferencia entre el éxito y el fracaso.

Soñemos, vislumbremos objetivos, tracemos metas y estrategias con tácticas efectivas supervisando los avances sin obviar en el camino las correcciones necesarias para convertir los sueños en realidad.

Desde nuestro nacimiento hemos estado obligados a una constante lucha para sobrevivir, a ganarnos un espacio en este mundo cada vez más escéptico, exigente, menos leal, individualista, con un nivel de formación que se incrementa y en el cual se debe saber elegir. Al enfrentarnos a tantas posibilidades, probable podremos ser asaltados por la duda, a veces por el miedo y la pérdida de la confianza. En esas circunstancias, hay que estar alertas para recuperarnos sin usar la agresividad emanada del temor, sino la firmeza que fluye de la seguridad. Si lo necesitas, analiza tus propios planteamientos.

Shhh... no digas nada. El triunfo está en ti.

****

EJERCICIOS

De la convicción (1)

Primero, concéntrate. Concentrarse es pensar en algo específico. No importa qué. A tú elección, Piensa en un color agradable. Si no tienes uno, piensa en el blanco. Trata de visualizarlo. Al principio no será fácil, pero si te concentras lo conseguirás. Cuando tengas uno tócate los brazos, las piernas, luego pon la mano en tu corazón. Siente tus latidos. Estás vivo, lleno de vida. Eres de carne y hueso. Tu cuerpo necesita apoyo.

Con los ojos cerrados y la mano en tu pecho, trata de visualizar el cielo. Piensa en su grandeza y repite: sólo recibiré lo positivo, lo positivo, lo positivo. Continúa repitiéndolo hasta sentir paz.

Luego, respira profundo para grabar esa convicción en lo más íntimo de tu ser. Te ayudará en todo. Para todo.

Lo has comprobado. Es un ejercicio sencillo de poco tiempo, pero cada día darás positividad a tu mente.

Para armonizarse (2)

Armonizar es lograr que dos o más factores vibren con la misma frecuencia. La finalidad de este ejercicio es sincronizar la mente con el cuerpo, los sentimientos, las ideas y los deseos.

Con el cuerpo recto, ponte en punta de pies. Toma aire levantando los brazos. Espira volviendo a la posición normal. Hazlo tres veces.

Siéntate con la columna vertebral recta, los ojos cerrados. Pon la palma de la mano derecha sobre la de la izquierda. Muévela circularmente en el sentido de las agujas del reloj hasta sentir una sensación agradable. Luego, colócalas sobre tu cabeza formando un triángulo con las puntas de los dedos. Sentirás calor en tus manos.

Ahora bájalas con lentitud cerca de tu cara, cuello, el costado de los pectorales, tu cintura y la parte externa de las piernas hasta tocarte los pies. De ahí sube las manos con lentitud, por el interior de las piernas, hasta el ombligo para presionar tu vientre con suavidad.

Sentirás calma. Una energía concentrada armonizará tu mente con el cuerpo... estarás relajado.

Respira profundo varias veces para que sientas en tus manos el movimiento del vientre al compás de tu respiración.

Para terminar, descansa los brazos. Has logrado armonía. La sentirás cuando reinicies tus actividades.

Manejar la energía (3)

No importa el día ni la hora pero si estás solo y dispuesto, siéntate cómodo, relájate para tocarte la parte interna de la muñeca con la punta de los dedos. Sentirás tu pulso.

Te parecerá simple, pero toma conciencia de que con cada latido de tu corazón, la sangre transporta vida hasta tus partes corporales más distantes. De la misma forma, usando tu mente y cerrando los ojos puedes ir al lugar de tu cuerpo que desees, a todos tus rincones, a los más pequeños conectando tu mente, los latidos y la energía.

Sigue sintiendo tu pulso. Los ojos cerrados. Visualiza un color. ¿Lo tienes? Ese color es el reflejo de tu energía. Si es claro, excelente. La cantidad y la calidad son adecuadas. A mayor claridad, mejor energía. Si visualizas un color oscuro es sinónimo de poca energía, como si a tu tanque le faltara combustible.

Tienes que recargarlo.

Para hacerlo, sin dejar de sentir tu pulso debes concentrarte pensando en el color blanco de la energía. Te irá llegando hasta aclarar tu color, señal de que la has asimilado. En el caso poco probable de no llegar al color claro, descansa. Lo harás después hasta que la claridad te anuncie que el "tanque" está completo.

Después, con ese color claro, mentalmente puedes recorrer tu cuerpo para distribuir la energía. Si deseas enviarla a una parte que sientes cansada, adolorida, o desees optimizar; durante segundos focaliza ese color en la parte afectada. Con esta práctica - si la haces bien y te duele la espalda, tienes molestias, algo no funciona en tu cuerpo - podrás modificar las causas, limpiar las energías negativas que obstruyen el flujo normal de los tejidos para que la marcha correcta de tu organismo se restablezca. Una bacteria es negativa, nos enferma. Las preocupaciones causan tensión y dolor. No obstante, puedes bloquear esos factores si tienes la fe para usar el poder de tu mente.

Si haces cada día este ejercicio comprobarás el estado de tu energía, la recargarás, revitalizarás las zonas en las que te hayas concentrado alejando las enfermedades que invaden a los cuerpos con pocas defensas energéticas.

Protegerse (4)

Concéntrate. Sabes cómo hacerlo. Piensa en ti. Visualízate. ¿Te estás viendo? Bien. Estás desdoblado. Imagina un montículo alto, agradable, con flores, rodeado de arbustos... según tu preferencia. Tu imagen no tiene peso. Es liviana. Capaz de flotar. Entonces, con la mente, elévala a la cima del montículo. Colócate allí. ¿Lo hiciste? Tú te ves en lo alto. Perfecto. Repite el movimiento tres veces. Elévate y desciende. La tercera vez, cuando tu imagen esté arriba pide que todo lo malo pase por debajo para que no te alcance.

Luego, con esa protección regresa tu imagen a ti cerrando las manos sobre el pecho.

Esta práctica te permitirá ir del plano inferior al plano superior cambiando del polo menos al más, elevándote para no quedar expuesto.

Recomendamos hacer este ejercicio con la mayor frecuencia posible. Los tiempos son difíciles.

Invocar (5)

Siéntate cómodo. Respira profundo varias veces. Piensa en tu cuerpo, tu maravilloso cuerpo. Aspira todo el aire que puedas. Detente. Tienes los pulmones llenos de energía. Ahora, sé consciente y espira el aire por completo.

Hazlo tres veces: aspirar y espirar. A continuación, suelta los brazos para repetir con mucha convicción: estoy relajado, estoy relajado, estoy relajado.

Cuando termines tendrás la sensación de haber perdido peso y ganado un sentimiento de paz. Estarás mejor.

Luego, une las palmas de tus manos a la altura del pecho, con los dedos hacia el cielo para que la energía circule por tu cuerpo. Respira normal. Cierra los ojos.

Piensa en el color blanco de la energía. Trata de visualizarlo. Si no puedes, descansa. Trata de hacerlo de nuevo porque ese color blanco te ayudará a invocar.

Invocar es pedir ayuda.

Piensa en lo que te preocupa.

¿Lo hiciste?

Pregunta: ¿Qué debo hacer?

Sentirás una calma que te hará bien, mucho bien.

Esta invocación te hará llegar ideas que creerás son producto de tu consciente, de tu YO, pero no. Estás recibiendo presentimientos, tus mensajes, las respuestas a tus preguntas.

Luego, con la mayor fe pronuncia tres veces: todo se dará, todo se dará, todo se dará. Vuelve a tu posición normal.

Siguiendo el o los mensajes recibidos tus próximos pasos serán óptimos. No lo pongas en tela de juicio. No lo dudes. Planifica para llevarlos a la práctica.

Tus logros te sorprenderán.

Repetida esta práctica durante algunas sesiones optimizarás tu vida y tendrás tu convicción fortalecida.

Otras obras del autor

Lucha de Ambiciones
La mentira
Los Siete Amantes de Caroline
Tú, la Rosa
Cómo repartirnos el pastel
Ambiciones de Poder
Podemos Salvarnos

www.lufermusal.com